AF290435

SANDRINE CEYSSON

Cette vie là !

Ressentir, aimer, vivre

A mon père…

Merci.

INTRODUCTION

Je ne me souviens pas comment étaient les précédentes ni comment seront les suivantes, mais cette vie là !

Dans cet ouvrage je souhaite que beaucoup se reconnaissent, que mes expériences leur apportent un éclairage ou des réponses.

Je souhaite inspirer des âmes en quête de sens à leur existence.

N'oublions pas que nous ne sommes que de passage sur terre pour vivre des expériences et faire des rencontres.

La vie est faite de choix, d'actions, de créations.

Il y a du clair et de l'obscur. Le chemin que nous empruntons est propre à chacun.

Pas un ne vivra de la même manière son incarnation et ne ressentira les mêmes émotions.

La vie n'est pas un fleuve tranquille, à nous
d'accepter les tempêtes et une fois traversées,
faire revenir la lumière en nous.

Etre en accord avec son Soi profond, écouter ce qui
résonne en nous pour vivre en harmonie avec tout
ce qui nous entoure, les êtres humains, la nature,
les animaux, tout ce qui est vivant.

J'aborde dans cet ouvrage des sujets personnels
avec des faits de vie, des expériences et des sujets
plus emprunts à la spiritualité, avec ma
compréhension et mes ressentis, sur tout ce que
nous sommes en mesure de traverser pendant
notre incarnation.

Je souhaite faire la lumière sur la chance que
nous avons de pouvoir marcher sur le chemin de
la vie.

Nous avons des moments de doutes,
d'interrogations, de prise de risques, nous nous
demandons parfois ce que nous faisons ici dans ce
monde quelques fois difficile, mais également
nous vivons des moments heureux où nous
arrivons même à connaître le bonheur.

Dites vous bien que vous n'êtes pas là par hasard, votre âme à choisie cette expérience de vie sur terre pour son évolution.

Le but de notre existence n'est-il pas de vivre dans l'amour, le partage, le bonheur, la paix.

Etre en communion avec nos semblables, respecter notre environnement, cette planète qui est magnifique et dont on ne prend pas suffisamment soin.

L'être humain vit chaque jour sans vraiment réaliser la chance qu'il a de fouler cette terre.

J'ai pris conscience de tout ceci vers à 50 ans. Tout ce que la vie me permettra d'expérimenter encore et encore, je le ferais avec la pleine conscience de la chance que j'ai d'être là.

Ce livre m'aura valu une profonde introspection, avec des moments de doutes et des moments de souffrances, car parler de son passé le fait remuer, et c'est douloureux parfois, même si c'est la seule manière de le regarder en face et de l'apaiser.

Par cet ouvrage je clos un chapitre de mon existence, je tourne une page. J'entrevois une nouvelle naissance.

REFLEXION...

Nous avons tous une idée précise de qui nous sommes, bien que nous ne sachions pas réellement ce que nous voulons.

Très peu, voir personne n'accepte de regarder à travers son propre télescope et d'y voir l'ombre ou la lumière en lui.

Et si en réalité nous n'étions pas qui nous croyons.

Les monstres n'ont pas conscience de l'être.

Les esclavagistes des états du sud étaient sûrement convaincus d'être dans leur bon droit, tout comme les nazis n'avaient certainement pas conscience d'être qui ils étaient.

Certains hommes ne réalisent pas se comporter comme des porcs.

Après tout, nous travaillons comme des robots pour le compte de sociétés, collectivités ou des multinationales peu scrupuleuses pour certaines.

Victimes d'un état policier pour peu que la couleur de notre peau ou de notre gilet ne soit pas de la bonne teinte.

Priant dieu qui nous aurait fait à son image.

Désespérément accrochés à l'existence, ce qui nous fait vivre à l'envers.

On craint tellement la mort qu'on en oublie la vie et qu'on cherche à ralentir ou figer le temps.

Notre rapport à la mort fait que nous finissons par nous comporter de manière égoïste, seule notre vie compte.

Plutôt que d'être ouvert aux autres, on ne pense qu'à soi.

Les autres deviennent une menace.

On remplit sa vie de manière artificielle, en se créant des amis imaginaires sur les réseaux sociaux ou en ayant des amis à la pelle en passant ses week-end à droite et à gauche pour ne pas assumer le fait qu'on est mal chez soi avec les nôtres.

Vivant avec le frein à main.

Accumulant des richesses que nous n'emporterons pas au paradis, puisqu'il n'existe pas.

A la recherche d'un rang social que nous défendons alors que nous finirons aux oubliettes de l'histoire professionnelle.

Bêtement territoriaux alors que la vie est tellement plus riche pour peu qu'on l'envisage différemment.

Tellement accrochés à la vie que nous acceptons souvent des conditions difficiles.

Et cette menace d'humains qui saccagent la planète. Toute une vie dans la peur.

Le moment est arrivé, il faut se réveiller. C'est une libération, la vie est unique et il faut en profiter pendant qu'on peut.

Que de la vivre même si parfois elle est éphémère et rude, en vaut la peine.

L'ENFANCE.

Notre âme fait le choix de venir expérimenter la vie terrestre.

On n'y rencontre le bien, le mal, le bon, le mauvais.

On n'y sera heureux où parfois malheureux.

Cette âme revêt un corps physique fait de matière qu'elle choisit en fonction de ce qu'elle a choisi de venir expérimenter.

Elle choisit également une famille pour les mêmes raisons.

Voilà donc notre âme embarquée dans sa mission.

Si on réfléchit bien, l'enfance ne se quantifie que sur une courte période et pourtant elle façonne notre vie d'adulte, notre existence future.

Nous grandissons tous avec des bons et des mauvais souvenirs parfois même des avec traumatismes.

L'environnement familial est la base de la construction émotionnelle de chacun. Elle se met en place dés le début de la vie.

L'enfance est une période de vulnérabilité où l'adulte va exercer sa protection pour certain, mais aussi son pouvoir sur l'enfant.

L'enfant va construire sa personnalité avec l'interaction de ses parents en premier lieu.

Son environnement est également très important. Un enfant heureux est souvent accompagné de parents heureux.

L'atmosphère d'un foyer dans lequel l'enfant grandi et évolue est décisive pour son apprentissage de la vie.

On pourrait dire qu'une famille aimante, soudée, à l'écoute de la personnalité de chacun serait favorable au plein potentiel d'épanouissement d'un enfant.

Mais il n'y a pas de famille parfaite. La culture, la religion, la classe sociale sont la signature d'une famille.

Les personnes qui composent une famille sont

toutes aussi différentes les unes des autres, d'abord par l'aspect physique mais aussi les caractères et les personnalités.

Certains enfants seront très à l'aise dans leur famille peu importe sa signature, ses mœurs, si leur âme à choisie d'expérimenter une enfance heureuse, et d'autres seront en souffrance si elle a décidé d'expérimenter une enfance difficile.

La période de l'enfance est ce qui va confectionner notre enfant intérieur.

Notre enfant intérieur guide nos pas toute notre existence, il façonne notre vie d'adulte et au fond, nous restons éternellement des enfants.

La période de l'enfance est logiquement magique, pas de questionnement existentiel, pas de stress, pas de responsabilités pesantes. Uniquement de la joie, de l'énergie, le tout dans l'instant présent. Un temps qui pose les bases de toute une vie.

L'enfant est de nature désintéressée, généreuse, courageuse, sincère, il pardonne facilement, il est de nature sociable et tend toujours à la bonne humeur.

Je ne qualifierai pas mon enfance de belle ou

compliquée, j'ai fait comme j'ai pu pour vivre dans un foyer où les parents étaient très occupés par leur vie professionnelle, des parents aux vibrations très opposées qui je pense n'ont jamais réussis à se comprendre.

Certains dans ce foyer plus fragiles que d'autres au niveau émotionnel voir même hypersensible pour ma part. J'ai pas mal souffert de ne pas voir eu une mère plus aimante, une mère plus attentionnée mais on ne lui avait pas appris à le faire certainement, elle a fait comme elle a pu avec qui elle était.

Ma mère a fait de son mieux pour nous donner par contre de bonnes bases de vie, le respect, la politesse, la non-plainte nous ont été enseignés. Elle était souvent seule avec ses deux filles et ça n'a pas dû être rose tous les jours pour elle, je le comprends maintenant.

J'ai pas mal souffert d'avoir un père beaucoup trop absent quand nous étions petites ma sœur et moi, parce qu'il été professionnellement ailleurs.

Ma petite sœur, enfin ma cadette de 2 ans seulement, a toujours beaucoup souffert elle aussi de cela, nous étions souvent seules et très tôt nous étions responsables de nous faire à manger et aller à l'école, ce qui était normal dans les années 80 pour beaucoup d'enfants, mais nous avions un manque profond et nous nous consolions en étant très proches toutes les deux à cette époque.

Chacun a fait comme il a pu pour se créer une identité familiale. Avec des parents très occupés, souvent il faut rester à sa place, ne pas trop en demander. C'est mon ressentis du moins quand je me repasse le film.

Les vrais moments de bonheur nous les avions quand nous partions dans le Var chez nos grands parents paternels. Là j'ai découvert le bonheur, et dieu merci ils sont partis très vieux, nous avons profité d'eux longtemps.

Nous avions là pendant presque chaque vacance scolaire deux personnes attentives, et très aimantes. Ma construction sentimentale s'est faite grâce à eux et les en remercie.

Nous passions des semaines extraordinaires. Des souvenirs gravés à vie.

Nous pouvions être nous-mêmes avec eux, pas de chichi, on pouvait faire et dire ce qui nous plaisez. La liberté totale.

Une grand-mère italienne et donc maman poule, plus que précautionneuse de notre bien être et qui aimait parler de son enfance, avec ses 10 frères et sœurs à la campagne, dans des fermes ou des domaines viticoles.

Un grand père ardéchois issu du milieu rural qui parlait aux chèvres, très bon vivant et assez zen dans sa façon de voir la vie. Il a d'ailleurs vécu jusqu'à 97 ans.

J'ai également eu des grands parents maternels qui vivaient en Ardèche, des personnes très gentilles moins exubérantes peut-être. Un parcours de vie pas simple. Pieds noirs d'Algérie débarqués en France à la libération en 62. Arrivés comme on dit : « une main devant, une main derrière » sans rien, avec 5 enfants, dont la dernière née pendant les évènements, avec un handicap physique.

Ils ont fait comme ils ont pu pour vivre du mieux possible, mais cette période à abîmée mon grand-père et nous l'avons perdu à l'âge de 60 ans.

Ma grand-mère a fini par ne vivre que de son dévouement à ma tante handicapée.

Elles ne se sont jamais séparées jusqu'au jour où ma grand-mère s'en est allée.

Je les aimais beaucoup, ils ont toujours fait au mieux pour nous faire passer d'agréables moments. Mon grand-père m'a d'ailleurs accompagné pendant de nombreuses années après son départ, je le sentais avec moi, mais il est sur des plans supérieurs maintenant et accompagne mon père, son gendre car ils s'appréciaient beaucoup durant leur incarnation, à croire que cela continue après.

Je me suis toujours sentie assez solitaire au fond de moi, j'adorais rester seule dans ma chambre, je lisais beaucoup, j'écrivais des poèmes. Je n'aimais pas l'école qui pour moi était très réductrice déjà, (on doit lever le doigt et dire « maître », ça ne choque personne ?..) Je ne me sentais pas à ma place, j'ai toujours eu beaucoup de mal avec l'autorité et je comprends aujourd'hui pourquoi. Les enfants ne sont pas parfaits ça n'existe pas, N'exigez pas d'eux ce que vous auriez aimé pour vous. Votre enfant est une personne différente.

Il faut être attentif à ne pas lui coller une étiquette, car on lui coupe les ailes et parfois il faut des années à les réparer. Si on pense que c'est par l'école que l'on construit un adulte, on se trompe.

Je ne saurai trop conseiller aux parents d'être attentifs aux paroles que l'on adresse à un enfant, la flatterie à outrance donne des égos surdimensionnés, et les rabaissements crées des traumatismes et des valises de manque de confiance en soi, car tout s'imprime, tout est énergie et il va en être emprunt un long moment.

Chaque enfant à du potentiel, chaque enfant à une particularité qui s'exprime à un moment donné, plus ou moins tôt selon sa maturité. Une famille, un parent, devrait soutenir son enfant, mettre en avant son caractère même si il ne correspond pas à ses propres attente, et ne résonne pas avec qui il est lui-même.

Je ne peux que conseiller aux parents de dialoguer le plus possible avec leur enfant, d'exprimer ses émotions d'adulte, cela permet à l'enfant de comprendre son parent et ne pas grandir avec des ressentis négatifs envers lui, ne sachant pas pourquoi il agit comme ça.

Raconter leur également votre enfance avec les bons et les mauvais souvenirs.

Votre enfant a besoin de vous connaître, de savoir ce que vous avez traversé pour mieux accepter qui vous êtes et votre attitude envers lui, qu'il ne comprend peut être pas parfois.

Ainsi un climat de confidentialité, de confiance s'installe, on discute librement de tous sujets, et le parent sera plus à même de capter l'état émotionnel de son enfant et déceler une éventuelle souffrance, si elle devait se présenter.

Pour un enfant hypersensible la période de l'enfance va être émotionnellement intense car tout lui paraîtra plus fort, plus gros que la normale. Ses émotions seront décuplées, il réagira plus fortement à des choses que d'autres ne remarqueront pas.

La lecture, l'écriture, la peinture, le sport ou la musique permettent de structurer et canaliser les pensées. Une activité de groupe avec des visages, des personnalités autour de lui différentes permettra qu'il comprenne que tout le monde ne ressens pas comme lui, certains moins fort, d'autres sans émotions réelles. Il apprendra ainsi

à relativiser les situations par rapport à ses
intenses ressentis et même, sera capable de doser
l'impact des ses propres émotions.

Il n'y a pas de parents parfaits, pas d'enfants
parfaits.

Je le répète, nous avons choisi notre famille pour
une expérience de vie, alors acceptons nous les
uns les autres et, pour ma part tout ce que je
pourrais appeler traumatismes de l'enfance a été
travaillé et presque guéri !

Mon enfant intérieur se porte plutôt bien
maintenant.

LES BLESSURES DU PASSE.

Toutes périodes difficiles, souffrantes dans notre existence est raisonnante avec notre enfance. Les douleurs vécues enfant seront à nouveau rencontrées à l'âge adulte et auront la même intensité voir plus forte, si elles n'ont pas été travaillées et apaisées voir guéries.

Nous sommes tous amenés au moins une fois dans notre vie à ressentir des situations traumatisantes ; maltraitance, deuil, maladie, accident, perte de travail, dépression, séparation et bien d'autres épreuves …

Ses situations sont génératrices de stress, d'épreuves, de traumatismes, de blessures profondes.

Nous avons tous fait du mal un jour et infligé une blessure à quelqu'un.

Nous avons tous souffert à un moment donné de notre existence par le biais de quelqu'un ou quelque chose qui nous à blessé.

Il est simple de comprendre que les blessures qui n'ont pas été travaillées, pardonner dans la mesure du possible, referont surface à une période de notre vie.

Ces blessures reviendront, seront réanimées sous forme de rencontres, d'évènements qui seront déclencheurs d'émotions du passé, et ceci tant qu'on ne conscientise pas l'importance de ces blessures en nous.

Revoir des personnes du passé également réveille des démons en nous.

Avoir une image complète de la cause des blessures et accepter ce qui s'est passé est très important.

Il est indispensable de reconnaître sa souffrance et d'accepter d'évacuer ses émotions négatives. Il est recommandé d'engager une thérapie si c'est très lourd à supporter et verbaliser sa douleur. Nous avons la chance de voir fleurir de nombreuses thérapies adaptées à chaque traumatisme, et au degré de profondeur d'enfouissement dans la mémoire.

L'amnésie traumatique existe, c'est une période pendant laquelle une personne n'a pas conscience des violences qu'elle à subi. Le souvenir enfoui dans la mémoire est inaccessible, à cause d'une dissociation qui s'est opérée au moment du traumatisme, pour protéger l'individu car en pleine conscience de ce choc, son corps et son esprit ne supporteraient pas et la mort serait le seul recours.

Les traumatismes de l'enfance peuvent affecter votre santé à l'âge adulte. Egalement, les expériences négatives peu importe l'âge auquel elles sont vécues, augmentent de façon importante les pathologies physiques.

Parler, comprendre, revivre le souvenir, accueillir ses émotions fait partir du travail de réparation.

Etre indulgent et bienveillant avec soi même, vivre au présent.

Donner du sens à sa vie, se sentir utile. Ne pas avoir envie de plonger dans des excès destructeurs car beaucoup on choisit cette solution pour apaiser leur souffrance.

La tristesse, la colère, la frustration et l'angoisse sont des réactions naturelles face à un traumatisme.

Les potentielles blessures émotionnelles

- L'abandon
- Le rejet
- L'humiliation
- La trahison
- L'injustice

Il y en a bien d'autres mais ce sont les principales que nous rencontrons tous au cours de notre vie.

Tout problème que nous vivons qu'il soit d'ordre physique, relationnel, monétaire, professionnel, sexuel, d'estime de soi peut être attribué à une ou plusieurs de ces cinq blessures.

J'ai moi aussi des blessures du passé, des phrases réductrices absorbées pendant mon enfance, des moqueries, des jalousies ayant entrainées par autrui des actions douloureuses sur moi.

Nous avons tous des souvenirs douloureux en nous où une personne à été mise en avant à notre place, devant nous, nous faisant nous sentir moindre. Nous avons tous été dénigrés dans un travail, rabaissés, peu valorisés. Nous avons peut être déjà été sentimentalement
mal aimés, trahis, trompés.

Nous avons également pour certains été moins valorisés dans une fratrie, moins considérés par un parent qui semblait en préférer un autre. Je ne saurais énumérer tous les cas de figures car il y en a tellement.

J'ai vécu des moments difficiles moi aussi avec des périodes de dépressions, des problèmes de santé même, je me suis une fois retrouver en consultation cardiologique car je faisais des crises de tachycardie, un trop plein d'émotions qui me prenait le cœur. Une autre fois un dérèglement de la thyroïde que l'on appelle la maladie de Basdow, avec un grand amaigrissement et une fatigue dont je ne soupçonnais même que ça puisse exister d'être autant affaiblie. Il aura fallu que je rencontre un médecin qui pratiquait l'équilibre énergétique, pour m'en sortir totalement après quelques semaines. Un vrai miracle. Mais au final j'ai toujours fini par guérir et ça n'à jamais été très lourd de gravité dieu merci.

Le transgénérationnel…

Les mémoires transgénérationnelles sont des comportements inconscients qui ne nous appartiennent pas.

Des blessures infligées à un ancêtre dont nous héritons.

Lorsqu'une personne prend conscience qu'une souffrance n'est pas d'un fait qu'elle a vécu, c'est que peut être c'est de l'ordre du générationnel.

On nous lègue un patrimoine génétique mais aussi émotionnel.

Il est important de libérer ces mémoires et couper la chaîne de transmission, car cela peut être lourd de conséquences pour les futures générations.

De même que les secrets de famille, les non dits peuvent être destructeurs.

Le karma...

Ce serait la destinée d'un individu, qui serait déterminée par la totalité de ses actions passées, voir de ses vies antérieures.

Les actions, les mots, les pensées influenceraient le karma et se répercuteraient sur nous comme un écho et nous infligerait parfois de souffrances pour le peu que les actions fût négatives.

Je suis très perplexe par cette notion de karma.

On ne changera jamais le passé, mais il faut apaiser le quotidien de nos blessures passées, pour améliorer l'avenir.

La résilience est un processus d'acceptation.

LE CHEMIN.

Le chemin d'un être humain pourrait se définir comme un parcours, suivre une route vers un but donné. Avancer de façon graduelle dans la vie.

Chaque être humain a un chemin, à lui de trouver la façon la plus simple pour l'arpenter sereinement.

L'humain progresse tant qu'il accepte les épreuves.

Le vrai métier de l'humain est de trouver son chemin vers lui-même. Chacun doit y voir son rêve, alors le chemin deviendra facile.

Le chemin de vie ou la destinée comme certains l'appelle, c'est en quelque sorte le cheminement spirituel et cela passe par la conscientisation de notre existence, par des évènements, des ressentis. C'est une progression dans le temps qui permet de se connaître.

Certains appelleront ça aussi mission de vie, c'est

une route personnelle où on se développe tant physiquement que mentalement.

Le chemin se fait par étapes.

Sur notre chemin nous allons vivre des expériences, faire des rencontres, pour de bonnes raisons, il n'y a pas de hasard.

Elles auront toutes un intérêt, un but pour nous faire grandir, comprendre qui nous sommes, ce qui est bon ou pas pour nous.

Je vais dire que la vie se résume en tranches. Plusieurs tranches de vie, avec un début, une fin, des êtres vivants s'y inclus, des situations, des épreuves qui apparaissent dans cette tranche vie puis la quittent pour ne jamais réapparaître, ou revenir dans une autre tranche de vie tant qu'on n'a pas compris le message.

Ma vie a toujours été riche de rencontres et surtout ces 10 dernières années où la majorité de ces belles âmes, ont été des éveilleuses de consciences, et surtout des femmes.

Je n'ai pas l'impression aujourd'hui d'être toujours sur le même chemin qu'auparavant.

Tout a changé.

Je vais appeler le chemin de ma vie cette période entre 14 ou 15 ans jusqu' à 49 ans.

J'ai la sensation d'avoir commencé à vivre pleinement vers 15 ans, auparavant ce fût l'apprentissage de l'enfance avec du bien, du mal, toute la complexité que cela comporte.

J'ai vraiment la sensation avec du recul que l'enfance nous prépare, nous structure, pour le chemin vers la vie d'adulte où tous nos sens vont être sollicités, et nous serons mis à l'épreuve au quotidien.

J'ai eu une adolescence merveilleuse, les années 80, nous étions libres, nous passions nos journées dehors avec les copains et copines, on ne se posait pas la question d'un éventuel danger et les parents non plus. On rentrait le soir riche de nos échanges avec les autres.

Mes parents adoraient les voyages, nous en avons fait quelques uns superbes. Ils étaient bien plus à l'aise avec de grandes filles, je pense que la période de la petite enfance ne leur correspondait pas.

Et puis les garçons sont entrés dans ma vie. Je suis une hypersensible, j'ai vécu chacune de mes expériences intensément avec des moments de plaisir, mais aussi de souffrance.

Un jour on mûrit, on grandi, on se cherche, on suit la voie de nos parents, souvent, quand on n'aime pas l'école mais qu'il faut bien faire quelque chose de sa vie. On s'engage dans une voie professionnelle qui n'est pas réellement faite pour nous. Et puis on se plante, et on regrette de ne pas avoir bien travaillé à l'école même si elle n'était pas faite pour nous.

 J'ai fait la fête, beaucoup la fête jusqu'à 29 ans, et un jour on décide de se poser pour faire comme tout le monde.

On se marie, on fait des enfants parce qu'on nous conditionne à ça, comme si on été un être accompli qu'en respectant cela. Mais non, parce qu'au final, si c'était au fond pas le moment, on fait plus de mal que de bien autour de nous, et à nous-même quand on dissout un foyer.

J'ai eu la chance de pouvoir vivre plusieurs expériences professionnelles, plusieurs expériences sentimentales. A chaque fin d'expériences j'ai grandi, j'ai compris, j'en ai retenu une leçon.

Chaque fois que je ne suis plus à ma place dans une expérience, il se présente un évènement bouleversant, qui agit sur ma conscience ou mon corps physique et me contrains à réaliser qu'il me faut changer.

C'est une chance pour moi, cela m'a permis parfois de me sortir de situations difficiles.

J'ai quand même eu un chemin plutôt agréable, car je me suis toujours sentie très aidée.

Je n'ai pas non plus vécu d'expériences très traumatisantes, éprouvantes, je dois reconnaître que j'ai été plutôt protégée.

J'ai toujours senti au fond de moi durant ce chemin qu'il n'était malgré tout pas complet, que je devais encore et encore cheminer, pour un jour me dire « çà y est je suis là où je devais être et je comprends pourquoi j'ai traversé tout çà ».

Mais à la mort de mon père, un autre chemin s'est présenté à moi.

LE DEUIL.

C'est une période au cours de laquelle une personne éprouve de la tristesse, du chagrin, de la douleur suite à la perte d'un être cher.

Il se peut dans un premier temps que l'on se sente dans le brouillard face à la nouvelle.

On peut avoir du mal à réaliser ce qu'il vient de se passer.

Le deuil est un processus d'adaptation émotionnelle. Il se peut également qu'il y est une forme de réaction physique, cognitive et psychologique avec la sensation de perte de repères.

Le deuil peut aussi avoir une dimension sociale avec des difficultés à maintenir des relations avec d'autres.

Le deuil est un parcours, une leçon sur la façon de gérer des émotions très fortes lors d'un décès. Savoir accepter ce que l'on ressent et s'adapter avant une acceptation.

Il n'y a pas de règles, le temps que cela prend varie selon notre signature émotionnelle.

Selon notre niveau de conscience, notre rapport à la mort et notre attachement à la personne disparue, le travail de deuil sera différent. On ne vivra pas avec la même intensité la perte d'un enfant et la perte d'un grand parent âgé.

Le deuil permet de revivre des souvenirs, des moments vécus avec notre disparu. On se repasse le film. Le travail de deuil demande beaucoup d'énergie, aussi bien physique que psychique, car bien souvent on se sent ébranlé, sans force.

Beaucoup disent ne plus être la même personne après un deuil et c'est logique, nous avons une identité énergétique, quand quelqu'un disparaît de notre entourage et sort de notre champ vibratoire, l'énergie n'est plus la même.

De nouvelles vibrations nous entourent bouleversants nos pensées, nos actions.

Pour moi ce fût fulgurant, tout à changé !

Tu es mort, je suis née...

Le 27 Avril 2021 à 17h30 mon père s'en est allé !

Bien sûr même si on s'y prépare en apparence parce qu'on sait que la maladie a remporté le duel, le moment venu c'est autre chose.

On fait comme on peut dans la gestion de cette peine, de ce chagrin et dans l'idée d'un futur sans notre disparu.

Je me suis surprise les premières semaines après son départ, à être plutôt dans l'acceptation de ne plus avoir mon père parce que j'étais tellement soulagé de le savoir délivré de cet état de souffrance.

Encore plus surprise car depuis toujours je me disais : « Mon dieu le jour où je vais perdre mon père ça va être horrible », et là ça n'étais pas le cas.

Mais contre toute attente ça n'a pas tardé à arriver. Petit à petit tout à commencer à changer. Je me suis senti glisser vers ce que j appelle « la descente aux enfers ». Ma chute vers les ténèbres qui allait durer 8 mois.

Un chagrin viscéral m'a envahi, celui qui prend

aux tripes, une douleur dans la chair.

Je n'avais soudain plus aucun intérêt pour quoique ce soit, pour quiconque, je ne vivais que dans ce chagrin.

J'étais capable de pleurer pendant des heures. Un tsunami de souffrances qui arrivait d'un coup, peu importe où je me trouvais, et à n'importe quel moment.

J'appréciais le fait d'être seule car je n'étais pas obligé de parler. Je me retranchais dans mes souvenirs, les photos de lui étaient un supplice.

J'écoutais les chansons qu'il aimait me rapprochant de lui, en espérant un signe de sa part, pour que je trouve la force de continuer ma route.

Je me suis même étonné un matin d'avoir l'idée d'aller à la rencontre d'un platane avec ma voiture pensant, que je ne sortirais jamais de cet enfer émotionnel.

Cette perte à éveillé chez moi le sentiment d'être comme une petite fille seule plantée là.

Avant la maladie mon père était quelqu'un de très charismatique avec une certaine aura, et soudain c'était le vide.

J'ai toujours senti que lui et moi étions connectés, souvent nous n'avions pas besoin de nous parler pour nous comprendre, un simple regard suffisait pour savoir comment l'autre allait.

Il avait toujours été à l'écoute même si je pense que souvent il n'était pas d'accord (il nous est arrivé de nous disputer d'ailleurs).

Il était en apparence plutôt compréhensif, il devait se dire que j'apprendrais de mes erreurs à un moment donné.

Il y avait une sorte d'alchimie entre nous et ce depuis ma naissance.

Alors quand on perd cela c'est comme repartir de zéro et grandir à nouveau avec d'autres repères.

J'ai réalisé que j'allais devoir avancer différemment.

Ces 8 mois de deuil ont été 8 mois d'introspection. J'étais face à moi-même, à qui je suis vraiment au plus profond de mon être.

Pour moi ce deuil a été transcendant, un vrai travail de révélation de qui je suis, tout à changé par la suite.

Chaque épreuve que nous envoie l'univers est soit pour nous réveiller, nous ouvrir les yeux sur l'importance d'être en vie, et aussi nous faire prendre conscience qu' elle passe vite, soit qu'il faut revoir tout notre fonctionnement, et faire en sorte de la vivre en étant sur le bon chemin, celui qui nous est destiné où nous allons expérimenter les choses de la vie avec recul.

Le deuil nous pousse dans nos retranchements, nous voyons jusqu'à quel point nous sommes capables de souffrir, tout ceci pour notre évolution vers une vie plus en accord avec nous-mêmes après avoir traversé les ténèbres.

La souffrance est propre à chacun, cela oblige à l'introspection et c'est le meilleur chemin vers son Soi profond.

Le deuil de mon père a donc été une nouvelle naissance, un appel à donner plus de sens à mon existence car moi j'ai la chance d'être toujours là sur cette terre, une prise de conscience sur ma façon de voir la vie en général, et de ce que je voulais en faire maintenant de cette vie là !

Et même si c'est particulier à dire, je suis reconnaissante à mon père que son départ ait été un enseignement pour moi.

Le principe de l'éveil, énergétiquement va être un changement sur la façon de voir la vie.

L'éveil spirituel est un chemin vers l'émancipation, un besoin de se réaliser pleinement, suivre ses inspirations, revenir à l'essentiel, à l'authenticité à notre ultime Soi.

C'est un changement de notre compréhension de qui nous sommes.

Cette évolution peut être graduelle ou soudaine comme pour moi. Une chose importante à faire quand on sent qu'on change intérieurement, c'est de s'engager dans un dialogue avec soi-même, où l'on se questionne sur ses émotions et leur impact.

Etre dans l'acceptation, ne pas penser que l'on devient fou parce qu'on ne voit plus les choses comme d'autres.

Nos vies sont faites d'interactions et de partages avec les autres. Nous nous construisons et grandissons dans un environnement social.

Il est naturel que le changement ait des conséquences sur nos relations.

Un éveil peut amener des tensions, ou des ruptures avec certaines de nos relations, car nos valeurs et nos priorités ne sont plus les mêmes.

Cheminer vers l'éveil de conscience...

Si seulement on pouvait le résumer en un mot.

Si seulement il y avait une définition acceptée de tous à laquelle on puisse se référer.

Si seulement on pouvait prévoir la date et l'heure de son éveil sur son calendrier. Ce serait trop simple et le voyage à travers l'éveil de conscience ne serait pas aussi unique et trépidant.

L'éveil de conscience pourrait se définir comme une représentation très précise de la réalité des choses de la vie, une connaissance intuitive de la réalisation que nous avons un monde intérieur.

La conscience est beaucoup plus grande, plus puissante que le corps physique.

Notre conscience est connectée à tous les éléments, tous les êtres vivants, donc à l'univers tout entier.

La notion de conscience reconnaît que nous avons un pouvoir divin.

La conscience une fois acceptée par notre réalité, ne fera que croitre.

Le 31 décembre 2021 alors que je quittais mon travail, un ciel coupé en deux se trouvait devant moi. Une partie bleue et une autre plus sombre très grise.

La route que j'ai pris a fait que je me suis retrouvais dans la partie sombre, avec un ciel très bas. J'ai subitement été envahi par un sentiment d'oppression, je me sentais très mal à l'aise dans une atmosphère très lourde.

J'attendais depuis plusieurs mois un énorme signe de la part de mon père.

Et le voilà à côté de moi, une énergie particulière sur le siège d'à côté, une odeur, tout me faisait ressentir sa présence et ça ne s'expliquait pas. Je savais qu'il m'accompagnait sur ce trajet.

Ce fût très violent pour moi, il n'y avait pourtant personne, et c'est comme si on me murmurait des mots à l'oreille mais comme par télépathie.

Ces mots je ne les oublierai jamais : « Arrêtes de pleurer, avances maintenant ».

Je suis rentré chez moi, je me suis effondré par terre devant ma porte, Sébastien à dû me relever ; ce que je venais de vivre était très intense et violent émotionnellement.

Le travail de deuil était fini, et ce que j'appelle l'éveil de ma conscience à débuté.

J'ai ressenti que plus rien ne serait pareil, que je ne serais plus jamais la même.

Une quête de souveraineté est apparue, une envie de donner du sens à mon existence, de vibrer, de me libérer des mes craintes, de mes névroses, mes démons, de m'exprimer librement, de sortir de ces schémas répétitifs souvent à l'origine de traumatismes.

Une envie très puissante de sérénité, de paix, de vivre ma vie comme bon me semble.

Ne plus attacher de l'importance à l'avis des autres, aux jugements des autres envers moi ou le reste. Tout a changé, mon regard sur les gens, un besoin d'appréhender les situations avec recul et détachement, ne plus être attaché à tout ce qui est trop matériel et superflu.

Mon regard sur la nature, sur les animaux et ce besoin viscéral de liberté surtout.

Un appel à plus de spiritualité, de sens profond de la vie, de conscience que nous ne sommes pas là uniquement pour travailler, manger, dormir, il y a plus important à comprendre, à vivre.

Il s'est installé chez moi une ouverture de ce que je vais appeler mon 3ème œil, j'ai réalisé que je n'étais pas libre dans ce monde, dans cette société malade, remplie de restrictions, d'obligations où règnent le jugement et l'égoïsme.

Les gouvernements et les puissances sombres qui dirigent l'humanité ont construits ce monde de toutes pièces. C'est comme si nous étions dans une matrice où tout le monde doit obéir. Tout est orchestré à l'avance, et l'éveil permet de réaliser ceci et de ne plus vouloir suite la meute en obéissant.

Les premiers temps je me suis sentie bien seule dans mon réveil, car incapable de partager mes ressentis, proche de moi pas grand monde ne voyais les choses sous le même angle. Très peu s'étaient éveillés, et surtout pas grand monde ne comprenais de la même manière que moi la résonnance de ce monde.

J'ai appris très vite à contenir mes idées et mes compréhensions, car quand j'exposais mes idées, je me heurtais très souvent à des murs.

Il faut bien comprendre que chaque âme a une conscience, bien distincte d'une autre, et qui s'éveille à son propre rythme.

Depuis beaucoup dans mon entourage se sont éveillés et dieu merci.

Mes relations ont évoluées également, je n'arrive plus à dialoguer et j'ai beaucoup de mal à passer du temps avec ceux qui ne voient toujours pas la réalité de ce monde, car trop endoctrinés par les images, les informations qui dirigent leurs pensées et qui ont perdus tous sens de discernement.

L'ENERGETIQUE. LE MAGNETISME...

L'expression pratique « énergétique, thérapie énergétique » désigne toutes les pratiques de médecine non conventionnelles qui utilisent un sens dérivé du mot « énergie » pouvant aussi signifier « énergie de l'univers, énergie divine ».

Le concept renvoie à l'idée qu'il est possible pour un être humain de faire circuler en lui, ou transmettre à quelqu'un d'autre une « énergie » provenant de dieu, de l'univers ou autre.

Cela aurait le pouvoir de guérir, soulager, apaiser des troubles ou provoquer un état de conscience modifiée.

La thérapie énergétique consiste en l'harmonisation de nos structures énergétiques, et permet un profond rééquilibrage en libérant nos blocages et nos tensions tant physiques que psychiques, qu'elles soient émotionnelles ou mentales.

Un travail de magnétisme va permettre de faire circuler correctement l'énergie vitale, en passant par les méridiens jusqu'aux chakras. Il vise à remettre en bon fonctionnement nos chakras et corps subtils. Augmenter le taux vibratoire à l'intérieur du corps, et rééquilibrer les flux d'énergies.

Le pouvoir de l'intention agit sur l'âme et où le corps en a besoin. Les soins énergétiques sont connus pour leur capacité à réduire considérablement le stress et l'anxiété. Ils agissent comme un baume apaisant sur notre esprit, notre corps.

Les soins énergétiques peuvent rapidement soulager bon nombre de douleurs, d'inflammation, de spasmes, d'irritations, d'œdèmes.

Retrouver un équilibre psychique et émotionnel.

Réaliser un travail de développement personnel et spirituel.

Soulager les peurs, les angoisses. Libérer les blocages émotionnels.

Gérer les troubles du sommeil, la dépression ou les douleurs chroniques

C'est un moment de détente profond qui permet

de retrouver un état de calme intérieur.

Le LaHoChi est une technique de soin énergétique très puissante, transmise par l'apposition des mains. Elle apporte par ce biais une très haute fréquence de lumière. Les soins énergétiques comme l'EFT dénouent les blocages émotionnels, par des pressions à des points stratégiques. J'aime travailler avec ces deux techniques.

Corps et esprit sont liés, ils fonctionnent ensemble quand l'un ne va pas, il agit sur l'autre.

Un bon équilibre consiste à avoir les pieds sur terre et la tête dans les étoiles, tout en gardant le cap. Inspirer le positif, expirer le négatif.

La méditation, le yoga, les balades en forêts, dans la nature ou tout simplement prendre du temps pour soi font partie de ces habitudes qui contribuent de manière positive à une bonne fréquence vibratoire.

La médecine holistique est une approche qui considère l'être humain dans son ensemble, en prenant en compte les dimensions physiques, mentales, émotionnelles et spirituelles.

Le soin...

Pourquoi cet intérêt pour les soins énergétiques ?

Pourquoi utiliser mon magnétisme ?

Mon père me l'a transmis, il l'avait de façon puissante en lui, je ne fais que prendre le relais. Bien sûr maintenant on apprend des techniques, on se forme pour être efficace, avant ils faisaient ça à l'instinct, une rebouteuse, une guérisseuse n'utilisaient que ce qu'elles avaient dans les mains, mon père faisait pareil.

Moi j'ai eu envie d'apprendre plusieurs techniques mais je m'aperçois aujourd'hui, que je travaille au final moi aussi à l'instinct.

Chaque corps sous mes mains est différent. Certains ont besoin d'un apport en énergie et d'autres de libération d'émotions qui les submergent.

Je suis très investie dans ma pratique, mon but est de soulager et d'optimiser l'envie de bien être chez les autres.

Cette chance que j'ai de pouvoir travailler cette faculté me donne beaucoup de satisfaction, de partage, d'écoute car je me livre également pendant les soins, la connexion doit être totale avec la personne.

Ce n'est pas facile quand on voudrait aider la terre entière, mais que beaucoup trop sont encore fermés à tout ça.

Mon père voulait que je m'en serve et c'est ce que je fais.

Je ne suis là que pour donner des outils, des clefs à chacun pour comprendre son existence, d'avoir envie de libérer ce qui bloque, d'évoluer et avoir pleinement envie de vivre.

Je ne juge personne dans sa façon de mener son existence, je ne donne pas de conseils je désire juste éveiller l'humain, qu'il prenne conscience de son parcours, des choix qu'il a fait, de l'impact de ses actes sur son existence.

Il faut être connecté à une certaine spiritualité, ressentir les éléments, se sentir soutenu par quelque chose de plus grand, de plus haut que nous tous pour bien accompagner quand on travaille l'énergétique.

L'énergie est partout, à nous de bien la répartir, de la dépenser et la recharger quand cela se fait sentir car l'énergie en nous est vitale.

Rien n'est figé dans la matière, tout est en mouvement, tout est inter connecté dans l'univers, dans le cosmos, et si on agit avec énergie tout peut changer.

L'AMOUR.

L'amour est un sentiment puissant et universel. Quand il entre dans nos vies, le monde qui nous entoure est transformé, nous commençons à nous sentir vivant et tout acquiert un autre sens.

L'amour est fascinant, libre et inspirant.

C'est l'engagement de recherche de bien être. Celui qui aime respecte les autres.

L'amour ne fait pas de compétition, l'amour n'est pas égoïste, pas envieux.

L'amour est la force la plus humble. GANDHI.

L'amour est un sentiment vif qui pousse à aimer, à vouloir le bien.

L'amour est un fort sentiment d'affection, d'attachement envers un être vivant ou autres.

L'amour procure une réelle liberté d'expression, on montre qui l'on est, on accepte l'autre avec ses qualités, ses défauts.

Il permet une communication ouverte, honnête, on peut parler de ses difficultés, de ce qui est important pour soi.

L'amour se transmet dans un simple sourire, un doux baiser, une parole, un geste.

Il suffit de pas grand chose pour se sentir aimé.

L'amour ne peut être fourni par l'autre. Il est de notre propre ressenti. Il coule à travers nous. Il n'est pas limité en quantité.

L'amour permet une réelle liberté d'être soi.

L'amour profond vit dans l'absolu, le dévouement, l'affection intense.

Une histoire d'amour lorsqu'elle démarre se vit sur le mode de la magie, de l'enchantement. On aimerait croire qu'elle est toujours unique et mystérieuse.

L'amour c'est à la fois un sentiment fort, un besoin, une idée.

Il y a de la passion amoureuse entre deux êtres, entre un parent et un enfant, avec un animal ou avec une pratique artistique.

L'amour au sens général est un élan du cœur qui nous porte.

Quand on est amoureux, on se sent libre ; il n'y a rien à cacher, pas besoin de mensonges, ni de trahison parce qu'on a le plus important, parce qu'on a la source de joie, parce qu'on a l'amour.

L'amour vrai rend meilleur, on attend rien en retour et c'est là que réside la beauté de ce sentiment.

Le véritable amour supporte tout, endure tout, triomphe de tout.

Mon père m'a dit un jour « toi, tu as toujours été aimé ».

Je suis arrivé dans une famille où j'étais le premier petit enfant, du côté paternel et aussi maternel. Un débordement d'amour m'a été offert.

Mes grands parents paternels avaient eu deux garçons, alors cette petite fille qui pointait son nez c'était un cadeau.

 Mes autres grands-parents pareil, surtout pour ma marraine Edith la sœur de ma mère qui était jeune à l'époque et qui m'à remplie d'affection, j'étais son bébé. Elle m'a d'ailleurs encore rappelé le jour de mes 50 ans que j'avais été un de ses grands amours.

Mon père m'offrait tous les cadeaux qu'il n'avait pas eu dans son enfance, faisant de moi un garçon manqué, j'avais souvent en cadeau une tenue de cow boy, un train électrique, des pistolets, un Goldorak ou une voiture de courses à pédales. Il me trimballait tard le soir pour aller voir des matchs de foot avec lui à Avignon.

Je ne m'en plains pas car c'est ce qui a fait cette complicité que nous avions.

Il n'a jamais voulu que nous allions en colonie de vacances, car lui avait souffert d'y avoir été envoyé et il n'en avait pas de bons souvenirs.

Mes parents ne nous ont jamais donné une gifle, un simple regard suffisait pour nous tenir correctement, mais c'était surtout dans le but de ne pas nous faire de mal physiquement sans doute.

Tout cet amour reçu je l'ai déversé sur mes enfants ensuite, immédiatement dés leur naissance, au premier regard.

J'ai dormi avec eux très longtemps, je l'ai est porté dans mes bras très tard, ce qui me vaut des soucis au dos maintenant mais sans regrets aucun.

C'est un amour inconditionnel, quelques soit les épreuves qu'ils traverseront, ils savent que je serais toujours là pour les accompagner et les soutenir.

Et puis si un jour ils font de moi une grand-mère, ces petits êtres seront d'autant plus aimés.

J'ai tout vécu avec amour, avec mon bon cœur, parfois déçu, mais jamais je ne me suis dit que je n'aimerai plus.

J'ai longtemps était dans le jugement mais maintenant ma vision des autres à changer. Nous devons vivre notre vie comme nous l'entendons. Nous devons respecter l'autre pour qui il est ; cela demande un profond sentiment d'empathie, d'acceptation et donc quelque part d'amour.

Exprimez vos sentiments. Dites aux personnes importantes pour vous que les aimez, tous les jours si vous le souhaitez. N'attendez pas cette soit disant fête des amoureux ou les anniversaires en particulier pour le prouver. Je n'aime pas les dates imposées. Ce n'est pas ma conception des choses. Pourquoi avoir besoin de date, de croix sur un calendrier pour y penser.

Le temps passe vite. L'amour s'exprime à chaque instant.

Pardonnez aux autres, pardonnez-vous même si vous avez été blessé d'avoir tant donné. N'attendez rien en retour, l'amour n'est pas question de réciprocité, on le donne avec ce que l'on a au fond de soi et parce qu'on en ressent le besoin.

Cultivez l'amour dans toute chose, la gratitude, le partage du cœur.

Aimez-vous... aimer la vie, aimer cette vie là !

LA JALOUSIE.

La jalousie est un vilain défault.

La jalousie est une émotion secondaire qui représente des pensées et des sentiments d'insécurité, de peur, d'anxiété concernant la perte anticipée ou non, de quelqu'un ou de quelque chose ayant une valeur importante.

La jalousie n'est pas objective, elle se manifeste souvent par de la méfiance, de l'agressivité, de l'inquiétude envers autrui quand elle est d'ordre sentimentale.

La jalousie est un sentiment relationnel. Il résulte de la peur d'une perte au profit d'une autre personne. On la distingue par la frustration qu'elle produit de ne pas avoir quelque chose que quelqu'un d'autre possède, ou une condition de vie.

Les différents types de jalousie :
- la jalousie amoureuse
- la jalousie entre frères et sœurs

- la jalousie entre amis
- la jalousie à l'école, dans le travail

Avez-vous déjà ressentis ce type de jalousie ?

Une personne jalouse se sent menacée et le fait savoir, ou le montre, et se sent irritée et dérangée.

La confiance en l'autre, la confiance en soi...

Certains individus savent donner à leur partenaire une confiance pleine et entière, sans être dirigé par la peur.

La peur nous renvoie des angoisses, de l'insécurité, un manque de confiance en soi.

Le jaloux doute de son potentiel de séduction, à peur de perdre son identité. Un problème de confiance en soi donc, mais aussi d'estime de soi.

Que s'est-il passé dans l'enfance ? Pourquoi avoir développé ce sentiment ?

La jalousie représente un enfermement psychologique et une certaine perte de liberté.

Il faut dompter cette émotion là.

Accepter de changer votre mode de pensées par rapport aux autres.

Reconnaître que la jalousie fait du mal. Observer ce qui rend jaloux. Arrêter de se comparer aux autres, se faire confiance, construire cette confiance.

Il faut être humble et reconnaissant de ce que l'on a. Soyez bons pour les autres dans vos pensées envers eux, vos actes, n'entrez plus dans des petits jeux mal saints.

Quand on est satisfait de ce que l'on a, on arrête d'être envieux, on savoure sa vie.

Elevez vous au dessus des haineux et des jaloux.

Acceptez vos faiblesses et vos fragilités par la bienveillance envers vous-même. Détachez vous de votre victimisation. Pardonnez, cultivez la paix et la sérénité intérieure.
Cicatrisez dans l'amour inconditionnel.

Comment gérer la jalousie d'un autre envers vous ? Alors déjà nous reconnaissons facilement les jaloux, ou jalouses.

Complimentez la personne au sujet de l'une de ses qualités, le jaloux ou la jalouse, a avant tout un problème avec elle-même.

Soyez gentil dans vos échanges avec cette personne, et puis proposez lui d'améliorer la compétence chez elle, de ce qu'elle jalouse, si elle est ouverte à la discussion bien sûr.

Mais bien souvent les jaloux, les jalouses n'ont pas conscience de l'être et passe leur temps à vouloir être supérieur aux autres.

J'ai moi aussi subi de la jalousie et encore à l'heure actuelle mais je n'y attache aucune importance, ce n'est pas mon problème, je suis ma route.

J'ai moi-même été jalouse certaines fois mais alors je vous affirme que quand on est en accord avec soi même, la jalousie n'existe plus, le bien envers autrui est plus enrichissant.

Mais si on venait à me blesser, à porter atteinte à qui je suis et ce que je possède de plus important à mes yeux, à mon univers, je me défendrai bec et ongles et je sortirai de ma vie ces personnes comme je l'ai déjà fait d'ailleurs pour certaines.

Soyons corrects, respectueux les uns envers les
autres et tout ira bien dans le meilleur des
mondes.

59

LA LIBERTE D'ETRE.

Etre un être lumineux.

Oser exprimer ses ressentis, ses compréhensions.

Devenir une belle personne.

Etre soi même. Se relier à son âme.

Etre au diapason avec son empreinte énergétique.

Etre dans la verticalité de votre être.

Etre la belle personne que vous aimeriez voir chez les autres.

Pourquoi avoir besoin de liberté...

Si on prive l'homme de liberté, alors il n'est plus un homme.

Nous sommes des êtres doués de raison, nous pouvons vivre sans dictats.

Nous aspirons tous à la liberté ! Lorsque nous éprouvons son manque, c'est bien souvent à cause d'éléments extérieurs.

Etes-vous ce que vous désirez être ?
Vous êtes venus dans cette vie pour déployer vos ailes et jouir de la liberté – du cœur, de l'esprit, de l'âme. Mais ce plein déploiement est un long chemin.

Réunissez vous entre famille d'âmes, avec qui vous partagez la même compréhension des choses de la vie, échangez librement entre vous de manière chaleureuse en toute humilité.

L'humanité, les hommes doivent reprendre leur liberté.

La liberté vous donne l'occasion de ressembler à qui vous voulez être, faire ce que vous voulez.

Toute personne a le droit à la liberté d'expression, d'actions.

Ce droit comprend la liberté d'opinion et la liberté de recevoir ou communiquer des informations.

On ne peut pas plaire à tout le monde mais au fond on s'en fiche. Sur notre chemin nous sommes seuls en fin de compte.

Le regard des autres, l'image que nous montrons aux autres pour faire bien, pour qu'on nous apprécie davantage, pour nous mettre au niveau des autres n'a aucun intérêt. Mais qui êtes vous ?

Moi j'ai dépassé le fait de devoir être apprécié, je n'appartiens à aucune caste, je suis moi-même. Je ne m'entoure bientôt que de personnes authentiques avec elles même et surtout avec moi.

La matérialité, la superficialité (« moi j'ai ça, moi je veux ressembler à lui, à elle ») tout ceci ne m'intéresse pas. Alors bien sûr on à le droit de vivre comme ça, tout mode de vivre se respecte car c'est un choix, mais cela ne résonne plus avec qui je suis.

A partir du moment où l'on vit pour plaire aux autres c'est qu'on n'assume pas qui l'on est, ou qu'on ne se connait pas.

Plus d'actualité que jamais, je ne bois pas les paroles des médias, des diseurs de vérité, je fais mes propres recherches, j'ai mon libre arbitre.

Je ne suis pas la meute quoiqu'il m'en coûte. Je suis arrivé sans rien et je repartirai sans rien, alors on peut tout me prendre.

Je ne peux plus obéir à des dirigeants peu scrupuleux qui n'ont aucun intérêt à par les leurs.

Comment peut-on encore croire qu'ils nous veulent du bien ?

La liberté d'une personne ou d'un peuple est le fait qu'il ne subit pas de contraintes, de soumissions, de servitudes.

La liberté n'est pas seulement un privilège, c'est aussi un idéal et surtout un droit, et ces dernières années nous en avons perdus plus que de raison des droits à la liberté d'être.

QUI SUIS-JE MAINTENANT...

Bien trop souvent dans le jugement auparavant, il aura fallut que je côtoie par mes expériences professionnelles, des personnes en grandes difficultés qui n'arrivaient pas à vivre correctement et faire face aux dépenses de la vie courante ; parfois seules avec des enfants et travaillant tard le soir. Tout ceci pour réaliser que finalement, je peux m'estimer heureuse de mon parcours et que l'on ne doit pas négliger les plus souffrants.

Là encore l'univers s'est toujours chargé de me montrer ce qu'il se passait ailleurs, dans le but de me réveiller.

J'ai 52 ans, je suis dans une période de la vie où normalement on récolte les fruits, les récompenses de ce que l'on a planté ou mis en œuvre. Je ne dirais pas que je suis une femme accomplie, du moins pas encore. Est-ce que je le souhaite ? Je ne pense pas. Ça ne veut rien dire au fond être une femme accomplie.

Je n'ai jamais eu l'ambition d'une carrière professionnelle, ma vie de maman a toujours été ma priorité, j'ai toujours eu à cœur d'être très présentes pour mes enfants ayant souffert de parents trop absorbés par leur travail.

J'ai été maman pour la première fois à 33 ans avec la naissance de mon fils et la deuxième fois à 40 ans pour ma fille. Je n'étais pas sûre de vouloir avoir des enfants étant jeune et pour cause. Hypersensible, toujours très inquiète, leur petite enfance a été dure pour moi. J'étais du genre à aller aux urgences pour 39° de fièvre. Leur moindre maladie me rendait malade.

Après la naissance de mon fils j'ai dû me faire aider par une psychologue. Pourquoi tant d'amour, tant d'inquiétude, pourquoi ma mère n'avait pas été comme ça elle ? Un vrai bouleversement. J'ai également du faire un travail de décryptage en généalogie, car de nombreuses chaines étaient à briser dans la lignée des femmes de la famille, et des blocages transgénérationnels étaient présents, cela bloquait mon épanouissement à moi, je n'étais pas moi-même.

Depuis le départ de mon père j'ai beaucoup

relativisé mon rôle de maman, bien que parfois je déborde encore, mais j'ai compris que l'on met au monde un être humain, qui ne nous appartient pas. Il a son âme, son chemin, nous n'avons aucun droit sur son existence qui lui ait propre. Il fera lui aussi ses propres choix.

Je travaille sur l'importance de mon existence à moi, mais à 52 ans s'est pas facile de remodeler une personnalité et devenir un être souverain.

Quand on a compris qui l'on est, pourquoi on réagit de telle ou telle manière c'est déjà bien, et puis l'écho du passé résonne en nous tous, il faut l'apprivoiser et travailler à être meilleur pour soi même avant tout.

 J'ai la sensation d'être bien loin d'avoir tout vécu, tout compris. Il faut plus d'une vie je pense. Chaque jour est fait de surprises, de combats, pour assimiler ces émotions qui me bouleversent parfois encore de trop.

J'ai bien souvent encore du mal à admettre l'injustice de ce monde, pourquoi ne sommes nous pas tous égaux, et surtout ne sommes nous pas libres. Nous sommes obligés de vivre selon les dictats d'une société conventionnelle, où il faut obéir à des règles, surtout depuis ces dernières années sous peine d'être mis à l'écart.

Personne n'est supérieur à un autre, quelque soit sa position dans la société, on nous éduque avec l'idée d'être le meilleur, le plus riche mais au final quand on arrive et quand on quitte la vie terrestre, on est tous dans la même position.

Personne n'a à se sentir plus fort, plus beau, plus intelligent, chacun à son histoire et toutes sont respectables.

L'idée d'une race, d'une religion, d'une éducation scolaire formatrice dés le plus jeune âge est à revoir, cela n'a fait que séparer les humains en faisant croire que certains valent plus que d'autres.

Je ne changerai pas ce monde, je veux juste faire entendre ma voix. Au final nous sommes tous de même constitution et il est temps de le comprendre.

J'aspire à plus d'amour, de compréhension, d'acceptation de qui est l'autre. Soyons unis...

Nous menons tous le même combat sur cette planète pour vivre sereinement.

Ecrire un livre maintenant, pourquoi ?

Peut être pour mettre par écrit quelques souvenirs de mon vécu, mettre des mots sur mes maux, tourner une page, clore un chapitre, pour en écrire un nouveau.

Et demain alors...

Je veux participer à l'éveil de ce monde, ce nouveau monde.

Un monde comme tous nous l'avons déjà imaginé, une terre souveraine. Nous avons tous une idée du bonheur, une conception différente du bonheur mais mon souhait est que nous puissions tous avoir la force d'y accéder en mettant en place dans nos vies des actions nous poussant rapidement à pouvoir le toucher ce bonheur de vivre.

Au final ...

Il n'y a pas de sauveur, c'est à nous à faire le boulot pour y arriver.

Et bien que chaque expérience soit unique, n'oublions pas que nous ne sommes tous que de passage, rien ne reste, à part l'amour que l'on a donné, l'amour que l'on a ressenti.

Je souhaite que nous vivions dans l'amour.

Dans l'amour de toute vie. Mais avant tout dans l'amour de nous même, pour cette vie là !

REMERCIEMENTS.

Je suis très reconnaissante à mes parents d'avoir permis par leur corps physique et leur âme, mon arrivée sur terre, pour cette expérience de vie.

Je remercie mes grands parents pour tout cet amour donné.

Je remercie mon homme, mon compagnon de vie sur ce chemin, Sébastien, pour son amour, sa patience, sa compréhension et son acceptation de qui je suis depuis toutes ces années.

Je dédie ce livre aussi à mes enfants Carl et Olympe qui sont mon essentiel et ma priorité dans cette vie là !

Petit clin d'œil à ma cousine Stéphanie, à mon ex-compagnon Maxime, à Sophie Ri., à Céline Ca. (elles se reconnaîtront).

Je remercie tous ceux et celles qui sont venus une ou plusieurs fois essayer un soin énergétique avec moi.

Merci également à toutes ces mamans qui m'ont envoyé leur enfant, vous êtes de bonnes mamans.

Je remercie Muriele A.R qui est reflexologue et bien plus, c'est la première personne qui m'a parlé de spiritualité y a bien longtemps déjà.

Ensuite ma magnifique M.A. qui est none tibétaine qui m'a offert mon superbe bouddha en bois qui vient de là bas.

Merci à Rose D. mon ancienne collègue de travail, très connectée elle aussi.

Et puis surtout...

Merci à Gundal pour la réalisation de ce chemin de vie de mon âme depuis sa création, réalisé en connexion avec le monde de l'astral. Que de compréhension supplémentaire de qui je suis maintenant.

Merci à Elfie, medium très puissante, rencontrée très récemment mais de la même famille d'âme que moi, avec une connexion magique.

Et Sandra Maréchal, Aaron medium, merci de m'avoir permis de communiquer avec mon père, de m'avoir rassuré sur l'après, car j'ai pu grâce à ça avancer et être moi même aujourd'hui, dans cette vie là !

Le chemin de mon âme

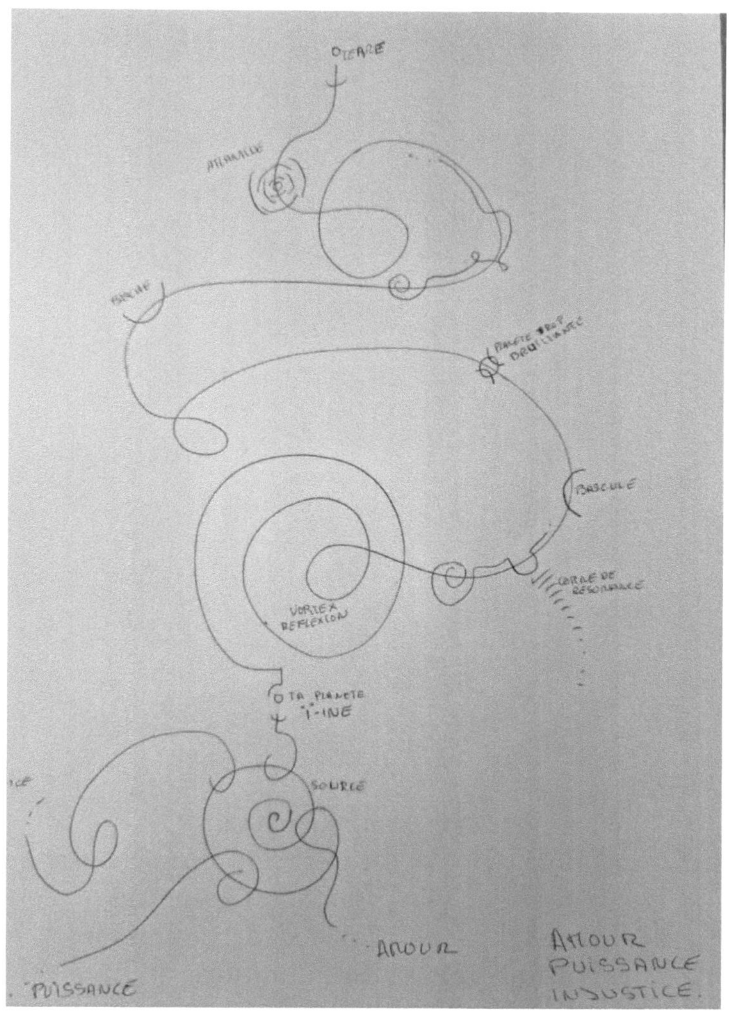

Réalisation GUNDAL Art'tricités.

© 2024 Sandrine Ceysson
Édition : BoD - Books on Demand, info@bod.fr
Impression : BoD – Books on Demand,
In de Tarpen 42, Norderstedt (Allemagne)
Impression à la demande
ISBN : 978-2-3225-0564-7
Dépôt légal : Février 2024

FSC
www.fsc.org
MIXTE
Papier issu
de sources
responsables
Paper from
responsible sources
FSC® C105338